NOTICE BIOGRAPHIQUE

LOUIS-AUGUSTE VÉNY

DE L'ACADÉMIE NATIONALE DE MUSIQUE
ET DU CONSERVATOIRE DE PARIS
MEMBRE FONDATEUR DE LA SOCIÉTÉ DES CONCERTS
MEMBRE DE LA SOCIÉTÉ ÉDUENNE

PAR

J.-G. BULLIOT

PRÉSIDENT DE LA SOCIÉTÉ ÉDUENNE

AUTUN

IMPRIMERIE DEJUSSIEU PÈRE ET FILS.

1879

NOTICE BIOGRAPHIQUE

LOUIS-AUGUSTE VÉNY

DE L'ACADÉMIE NATIONALE DE MUSIQUE
ET DU CONSERVATOIRE DE PARIS
MEMBRE FONDATEUR DE LA SOCIÉTÉ DES CONCERTS
MEMBRE DE LA SOCIÉTÉ ÉDUENNE

PAR

J.-G. BULLIOT

PRÉSIDENT DE LA SOCIÉTÉ ÉDUENNE

AUTUN

IMPRIMERIE DEJUSSIEU PÈRE ET FILS.

1879

PRO DEO ET
SCIENTIA
1769

LOUIS-AUGUSTE VÉNY

DE L'ACADÉMIE NATIONALE DE MUSIQUE
ET DU CONSERVATOIRE DE PARIS
MEMBRE FONDATEUR DE LA SOCIÉTÉ DES CONCERTS
MEMBRE DE LA SOCIÉTÉ ÉDUENNE

NOTICE

Lue par M. J.-G. Bulliot, président de la Société Éduenne,
dans sa séance du 12 décembre 1878.

Nous venons de perdre, dans la personne de M. Vény, un artiste de cœur et de premier mérite.

M. Auguste Vény était né le 30 septembre 1801, à Méru, petite ville de l'Oise, où il passa les premières années de son enfance. Un de ses oncles, M. Michel-Joseph Vinit, dont le nom diffère du sien par suite d'une méprise de l'état civil dans un acte de naissance, occupait alors à Paris, le poste de secrétaire général du Conservatoire de musique dont Sarette était directeur. Marié et sans enfants, M. Vinit forma avec sa femme, dévouée comme lui aux siens, le projet de se créer la famille qui leur faisait défaut, en adoptant leur jeune neveu, avec l'intention de lui ouvrir plus tard une carrière. Ils l'amenèrent à Paris à l'âge de cinq ans, et l'élevèrent dès lors comme leur propre enfant. Un an à peine s'était écoulé, que la survenance inespérée d'un fils [1] suivie de deux autres naissances, modifiait successivement la situation de cet intérieur. Le frère adoptif ne s'aperçut du changement qu'en trouvant des affections nouvelles, et quand des revers de fortune frappèrent ses généreux parents, il resta l'objet des mêmes soins et de la même sollicitude.

M. Vinit avait perdu en 1815 son poste de secrétaire général du Conservatoire. Replacé en 1820 dans des fonctions analogues, à l'Ecole des beaux-arts où était fixée sa résidence, il s'y trouvait en rapport journalier avec les sommités artistiques du temps, et c'est dans ce milieu que son pupille s'initia, tout jeune, au goût des arts en général, au moment même où il s'apprêtait à en cultiver une spécialité. Le grand peintre Gérard qui le rencontrait à l'école, frappé de sa physionomie, à l'âge de dix ans, le fit poser dans son beau tableau de l'*Entrée de Henri IV à Paris*. [2]

M. Vinit destinait son neveu à la musique. Placé par lui dans la classe de solfége de Ponchard jeune, frère du célèbre chanteur, pensionnaires tous deux du Conservatoire, le jeune débutant fut, à l'âge de quatorze ans, présenté à Vogt, professeur adjoint de

(1) Léon Vinit, peintre distingué, chevalier de la Légion d'honneur, décédé en 1862, avait remplacé son père au poste de secrétaire général de l'Ecole des beaux-arts.

(2) Cette tête gravée comme modèle est intitulée *l'Admiration*.

la classe de hautbois, qui, après une épreuve, jugea que l'élève aurait un *joli son*. A seize ans, surnuméraire de Brod à la Porte-Saint-Martin, il obtenait un deuxième prix au concours, et entrait aux Italiens où étaient réunis alors les grands talents du siècle, Garcia, Bordogni, Sontag, Cinti-Damoreau, et où s'exécutaient les grandes œuvres lyriques : *Don Juan, Othello, le Barbier*. Le nom seul des chanteurs est un titre pour ceux qui avaient l'honneur de les accompagner, et on comprend mieux le talent hors ligne d'interprétation de M. Vény, la délicatesse achevée de son jeu, quand on sait à quelle école il l'avait épuré.

L'orchestre entier était du reste à la hauteur du chant et il suffit de citer Baillot, les deux Tilmant, Vogt, Gambaro, Tulou, Beer, pour se faire une idée de ces exécutions féeriques. Un jour à la première répétition de la *Gazza ladra*, Rossini épouvanté du mouvement arrêta court, convaincu qu'il ne se soutiendrait pas jusqu'au bout. « Je connais mon monde, lui dit le chef d'orchestre, Grasset », et l'ouverture reprise à *l'allégro* fut enlevée à la stupéfaction du maître qui s'écria : « *Per Baccho !* ce ne sont pas des artistes, mais des diables déchainés. » C'était Hérold, élève de Méhul, qui tenait le piano de l'orchestre, en attendant qu'il mît au jour *Zampa* et *le Pré aux Clercs* ; il y fut remplacé par Halévy.

M. Vény en 1819 remporta un premier prix au Conservatoire. Il obtint ensuite au concours la place de timballier à l'Académie royale de musique, dirigéc alors par Viotti, et fut autorisé à cumuler, dans l'intérêt de l'orchestre des Italiens, en y conservant son poste. Il continua sous Rodolphe Kreutzer, son ami, qui fut remplacé par Habeneck. Depuis son premier prix, M. Vény était répétiteur au Conservatoire, et hautbois adjoint à la chapelle du roi, où l'avaient fait admettre Cherubini et Lesueur, juges compétents de son talent. Là il s'initia à un répertoire presque exclusivement classique : *Œdipe à Colonne*, de Sacchini ; *les Deux Iphigénies*, de Gluck ; *les Danaïdes*, de Saliéri ; *Armide*, *Alceste*, *la Vestale*, *Fernand Cortez*, *Olympie*, de Spontini.

Chargé, pendant un congé prolongé de Vogt à Londres, de la classe de hautbois au Conservatoire, M. Vény parvint, à force de soins, à faire obtenir un premier prix à un jeune élève de quinze ans, aux acclamations de la salle entière, malgré la résistance du jury effrayé de la jeunesse du lauréat. Le professeur par intérim fut choisi alors par Cherubini, pour remplacer définitivement Vogt à la chapelle de Charles X, comme premier hautbois. Ce choix fut pour celui qui en était l'objet moins un succès d'amour-propre, légitime du reste, qu'une occasion heureuse de s'initier à l'exécution des admirables compositions religieuses de l'auteur de la *Messe du sacre*. La partie vocale confiée aux premiers chanteurs, Nourrit père, Lays, Alexis Dupont, Mmes Albert, Dabadie, Dorus-Gras, avec d'excellents chœurs, sous la direction de Plantade père, maître de chapelle, était digne du compositeur et de l'orchestre.

Lié avec Adolphe Adam, l'auteur du *Châlet*, M. Vény publia avec lui, en 1827, une suite de duos pour piano, hautbois ou violon, sur des motifs d'opéras italiens qui en déterminèrent le titre : *Souvenirs des Bouffes*, publication qui fut accueillie avec faveur. [1] Son talent reconnu le fit choisir en même temps comme premier hautbois par Paër, alors directeur des concerts donnés fréquemment au Palais-Royal, par le duc d'Orléans. Il s'y fit remarquer ainsi qu'à l'Athénée musical, société d'amateurs de premier ordre, conduite par Grasset, chef d'orchestre des Italiens, puis par Tilmant aîné et Girard, qui remplacèrent plus tard Habeneck au Conservatoire, et dans laquelle on exécutait les *Symphonies* de Mozart, les deux premières de Beethoven, *Robin-des-Bois*, *Obéron*, *Euryante*, etc., etc. C'était un acheminement à cette *Société des concerts*, sans rivale en Europe, qui allait bientôt apparaître : elle se forma en 1828. Dès l'année précédente, Habeneck, cet homme qui *jouait de l'orchestre*, disait Auber, affligé du délaissement des concerts spirituels donnés à l'Opéra durant la semaine sainte, et convaincu que tôt ou tard les vrais amateurs s'éprendraient des symphonies de Beethoven, dont on ne connaissait que les deux premières, rassemblait dans son salon une trentaine d'artistes choisis, pour étudier avec eux les autres œuvres du maître. Vény faisait partie de cette phalange d'élite.

---

(1) Il a publié en outre une excellente méthode de hautbois.

La *Symphonie héroïque* excita un tel enthousiasme, dès la seconde ou troisième audition, parmi les exécutants, qu'ils conçurent dès lors le projet d'une association spéciale pour faire connaître ces chefs-d'œuvre. Habeneck en parla à Cherubini, qui obtint de M. de la Rochefoucaud, ministre de la maison du roi au département des beaux-arts, une subvention de 2,000 francs et la salle de la rue Bergère, pour donner par an six concerts dont l'exécution serait confiée exclusivement à des artistes, professeurs ou élèves du Conservatoire. L'inauguration eut lieu le 9 mai 1828, avec la *Symphonie héroïque*, au milieu des applaudissements d'un auditoire satisfait, mais non encore familiarisé avec cette musique grandiose. La *Société des Concerts* était fondée, et elle a continué sans cesser de mériter l'admiration de l'Europe musicale. Il fallut néanmoins toute l'énergie et l'abnégation d'Habeneck et de ses collègues pour persister dans cette grande entreprise ; le dividende de la première année, à parts égales, donna frais couverts, 128 francs à chaque sociétaire. M. Vény fit partie du comité d'administration durant quatre années, dont deux comme secrétaire.

La révolution de 1830 troubla un instant, sans l'arrêter, le mouvement artistique. M. Vény dans cette période prit part à toutes les grandes solennités musicales qui marquèrent l'inauguration du musée de Versailles, le retour des cendres de Napoléon ; mais il reçut en même temps d'Habeneck une blessure cruelle, qui empoisonna ses succès. La mort de Brod, en 1839, avait laissé vacant à l'Opéra le pupitre de premier hautbois, pour la succession duquel le talent et les droits acquis désignaient M. Vény, qui depuis un an en faisait le service. Le nom du remplaçant n'était mis en doute par personne à l'orchestre, lorsqu'on apprit avec le plus grand étonnement qu'Habeneck, malgré les observations de son ami Vogt, le père des hautbois d'alors, patronnait avec une partialité mal dissimulée un jeune soliste des quadrilles Musard, qui lui était recommandé : Verroust fut élu en effet par un jury composé *ad hoc*. Il tirait de son instrument des sons éclatants, mais jamais il n'atteignit ni la délicatesse, ni l'expression, ni le fini d'exécution de celui à qui il fut préféré ; il en convenait lui-même. Le célèbre chef d'orchestre, à qui cette injustice attira une satire mordante, crut réparer son tort en redoublant de courtoisie envers M. Vény dont il connaissait le mérite mieux que personne, et en obtenant de l'administration l'égalité de traitement pour les deux hautbois, mais le remède n'était pas en rapport avec le mal.

Par une sorte de protestation, les compositeurs et les artistes, dans leurs concerts spéciaux, demandaient toujours M. Vény pour premier hautbois. Berlioz n'en choisissait jamais d'autre. Le célèbre symphoniste ayant assisté, en 1845, aux fêtes de Bonn, pour l'inauguration de la statue de Beethoven, et à un grand concert dans lequel certains solistes allemands ne s'étaient pas montrés à la hauteur du

maître, ni à celle de la solennité, écrit ce qui suit :
« Il fallait sans hésiter recourir à toutes les nations
musicales. Quel grand malheur si au lieu du mau-
vais hautbois, par exemple, qui a si médiocrement
joué les solos dans les symphonies, on avait fait
venir Vény ou Verroust, de Paris, ou Barret, de
Londres, ou Evart, de Lyon [1]. » Berlioz plaçait, on
le voit, M. Vény à la tête des hautbois européens.
Auber de son côté lui donna une preuve de son
estime en lui confiant le premier pupitre dans la
musique du roi, à la place du premier hautbois
Fouquet, atteint d'une maladie mortelle.

M. Vény resta jusqu'à la révolution de 1848 dans
cet excellent orchestre conduit par Habeneck et par
Girard. La première idée de l'institution de ces
concerts du roi appartenait à sa sœur, Mme Adélaïde,
excellente musicienne. Les programmes composés
par Auber étaient soumis le matin à Louis-Philippe,
qui presque toujours y faisait des changements pour
y substituer des chœurs ou des morceaux d'an-
ciennes partitions qu'il se rappelait avec bonheur.
Le chœur des *Deux Avares*, de Grétry; ceux d'*Iphi-
génie en Tauride*, de Gluck, et l'ouverture d'*Iphi-
génie en Aulide*, étaient demandés presque à chaque
séance. Le roi en effet n'avait guère remarqué dans
la musique moderne que *le Désert*, de Félicien David,
et quelques beaux morceaux d'Auber. L'orchestre,

---

(1) Hector Berlioz, *les Soirées de l'orchestre*, page 392. Michel
Lévy, 1864.

soit à Neuilly, soit à Saint-Cloud, était toujours placé dans la bibliothèque attenante au salon. Bien que les exécutants pussent arriver à leur place par les couloirs ou les galeries, le roi avait désiré qu'ils fussent introduits par le salon même, où la reine, les princesses et les dames de leur entourage travaillaient à quelques broderies; il voulait les voir tous et les connaissait chacun par leur nom. Un instant avant l'ouverture, il entrait dans la bibliothèque, s'informait si les artistes étaient à l'aise, et allumant lui-même sa bougie s'asseyait à une modeste petite table, dans la même salle. Son secrétaire, muni d'un grand portefeuille, lui présentait des papiers et des journaux; il signait les uns et faisait semblant de lire les autres ; quoique tout entier à la musique, il ne voulait pas avoir l'air de perdre du temps. A la fin du concert, la famille royale ne manquait jamais de venir remercier les artistes. La révolution de 1848 atteignit les arts plus fortement que celle de 1830. M. Vény déjà malade et condamné par la médecine à un repos absolu donna sa démission de l'Opéra et de la Société des Concerts, au grand regret de ses collègues qui lui décernèrent à l'unanimité le titre de membre honoraire de la société.

Le directeur du Conservatoire, Auber, lui écrivit le 14 juin 1848 :

« J'ai reçu, mon cher M. Vény, la lettre que vous m'avez adressée le 31 mai dernier, par laquelle vous donnez votre démission de la place de professeur-adjoint de la classe de hautbois, si bien et si exactement tenue par vous depuis près de dix ans. Je vois avec peine votre éloignement du Conservatoire, qui s'honorera toujours de vous avoir eu comme élève et comme maître. J'insisterais pour vous conserver dans cet établissement, si vous ne me parliez de votre santé; je n'ai que des regrets à vous exprimer sur la détermination que vous avez prise, vous renouvelant l'assurance de mes sentiments distingués.

» AUBER. »

En 1843, M. Vény, qui depuis plusieurs années s'était fait entendre en province, était venu donner un concert à Autun, avec sa fille, dont la réputation de pianiste était faite à Paris. Ils y avaient été accueillis avec toute la sympathie que méritaient leur caractère, leur talent, des qualités musicales qui pour beaucoup étaient une révélation. Tous les morceaux joués à cette soirée [1], et entre autres l'admirable *duo* pour cor anglais et piano, sur des motifs de *Guido et Ginevra*, rendus avec une perfection de nuances, une profondeur d'expression si rares en province, furent chaudement applaudis par une salle émerveillée. La jeune pianiste, qui devait plus tard devenir Autunoise, s'en montra reconnaissante en venant avec sa mère, l'année suivante, prêter son concours à un concert pour les pauvres, lequel, en ajoutant à sa réputation, apporta un appoint [2] ines-

1. Concert du 27 août 1843. Voir le feuilleton du journal *l'Eduen*, du 3 septembre 1843.

2. La recette de ce concert, donné à la salle de spectacle, le 1er février 1845, a atteint le chiffre de 1,200 francs. Voir le feuilleton de *l'Eduen*, du 7 février 1845.

péré au budget de la bienfaisance. Cette démarche spontanée avait créé des liens entre Autun et des artistes dont chacun désirait le retour. Ils donnèrent le 25 août 1844 un deuxième concert avec le concours d'une chanteuse distinguée, élève de Ponchard, Mlle Jenny Rossignon, dont les ressources vocales et l'excellente méthode ajoutèrent au charme et au succès de cette brillante soirée. Enfin, le 28 août 1845, M. et Mlle Vény se firent entendre dans un troisième concert dont le succès fut mémorable. [1]

Peu d'années après, M. Vény rentrait à Autun, où le mariage de sa fille le fixait définitivement. La Société philharmonique lui offrit avec empressement la direction de son orchestre, à la conduite duquel il apportait les traditions de la grande école où il s'était formé. Cette période fut pour la musique, à Autun, une ère de rénovation qui pendant treize années se soutint sans faiblir. Une société nombreuse de chanteurs, créée antérieurement, exécutait d'une manière satisfaisante des chœurs choisis dans les œuvres des maîtres. Un orchestre complet, se sentant soutenu par l'expérience de son directeur, était rempli d'entrain. M. Vény et sa fille apportaient avec le plus grand dévouement l'appoint de leur talent de solistes à ces réunions, que ceux qui y prirent part regrettent, sans espoir de les voir renaître. Aucun de ceux qui s'intéressent à la musique n'ont oublié l'impulsion que M. Vény imprima à la Société

---

1. Voir le feuilleton de *l'Eduen*, du 31 août 1845.

philharmonique et qui lui permit d'attaquer des
œuvres réputées inabordables pour les exécutants
d'une localité modeste : les symphonies de Beethoven, les ouvertures de *Robin des Bois* et d'*Obéron*.
De pareils résultats, au milieu d'une population de
dix mille âmes, sont malheureusement précaires par
la force des choses ; le départ ou la mort de quelques
exécutants suffisent pour disloquer un orchestre
dépourvu de recrues. Les jeunes gens qui forment
ordinairement la partie la plus nombreuse et la plus
active du personnel musical se dispersent dans l'intérêt de leur carrière en laissant, d'un jour à l'autre,
d'irrémédiables lacunes.

La Société philharmonique d'Autun, après avoir
donné un dernier concert le 7 septembre 1856,
disparut dans un ensemble de circonstances impré-
vues qui lui enlevèrent ses principaux soutiens. [1]

Ce n'est qu'en 1859, trois ans après la dissolution
de la Société philarmonique, que M. Vény consentit
à prendre la direction de la Société chorale autunoise composée de jeunes gens étrangers pour la
plupart aux éléments de la musique, et travailla avec
tant de zèle à leur éducation artistique que, de
1860 à 1870, ils remportèrent dans dix concours
huit premiers prix (médailles d'or ou de vermeil),
dont l'un à l'Exposition universelle de 1867, à Paris,

1. De 1848 à 1856, la Société philharmonique a donné vingt
concerts sous la direction de M. Vény.

De 1860 à 1870, M. Vény a organisé douze concerts avec la
Société chorale.

un 2ᵉ prix *ex æquo*, avec une chorale lyonnaise, et enfin une mention très honorable au grand concours d'orphéons de Lyon. [1]

M. Vény avait conduit ses jeunes recrues jusqu'à la division d'excellence. En 1870, au retour du concours de Dôle, se sentant fatigué par les voyages, il donna sa démission, ayant reçu comme dernière marque de reconnaissance le titre de directeur honoraire.

Plus travailleur que sa complexion délicate ne semblait le comporter, M. Vény avait joint à ses occupations artistiques un emploi de confiance dont l'avait chargé le maire d'Autun, M. Victor Rey, devenu son ami. Il occupa avec un zèle infatigable le poste de trésorier de la Caisse d'épargne, de 1850 à 1867, et même après sa retraite y collabora jusqu'à ses derniers jours.

Le reste de sa vie appartient à la famille qui durant tout le cours de son existence fut le lieu préféré de son repos. C'est là que la mort est venue le frapper, regretté de tous, à l'âge de 78 ans, le 20 novembre 1878. [2]

1. Le cadre renfermant ces médailles, ainsi que les médailles commémoratives des concours, a été déposé au musée de la ville par la famille de M. Vény, qui y a joint plusieurs dessins autographes du peintre Boucher, provenant de sa collection.

2. M. Vény a laissé des notes manuscrites intéressantes sur les artistes ses contemporains. Le caractère intime de ces notes nous a fait un devoir de restreindre nos emprunts.

Autun, imp. Dejussieu père et fils.

115